BEI GRIN MACHT SICH IHR WISSEN BEZAHLT

- Wir veröffentlichen Ihre Hausarbeit,
  Bachelor- und Masterarbeit

- Ihr eigenes eBook und Buch -
  weltweit in allen wichtigen Shops

- Verdienen Sie an jedem Verkauf

Jetzt bei www.GRIN.com hochladen und kostenlos publizieren

Martin Zerrle

Die Verfälschung der Aussage Max Frischs Werk "Homo Faber" durch die filmische Adaption Volker Schlöndorffs

GRIN Verlag

Bibliografische Information der Deutschen Nationalbibliothek:

Die Deutsche Bibliothek verzeichnet diese Publikation in der Deutschen National-
bibliografie; detaillierte bibliografische Daten sind im Internet über http://dnb.d-
nb.de/ abrufbar.

Impressum:

Copyright © 2012 GRIN Verlag GmbH
Druck und Bindung: Books on Demand GmbH, Norderstedt Germany
ISBN: 978-3-656-43443-6

Dieses Buch bei GRIN:

http://www.grin.com/de/e-book/211132/die-verfaelschung-der-aussage-max-frischs-
werk-homo-faber-durch-die-filmische

GRIN - Your knowledge has value

Der GRIN Verlag publiziert seit 1998 wissenschaftliche Arbeiten von Studenten, Hochschullehrern und anderen Akademikern als eBook und gedrucktes Buch. Die Verlagswebsite www.grin.com ist die ideale Plattform zur Veröffentlichung von Hausarbeiten, Abschlussarbeiten, wissenschaftlichen Aufsätzen, Dissertationen und Fachbüchern.

Besuchen Sie uns im Internet:

http://www.grin.com/

http://www.facebook.com/grincom

http://www.twitter.com/grin_com

Inhaltsverzeichnis

1 Einleitung

Der Protagonist und Erzähler des Romans Walter Faber behauptet über sich selbst: „Ich glaube nicht an Fügung und Schicksal, als Techniker bin ich gewohnt mit den Formeln der Wahrscheinlichkeit zu rechnen." (S.23) Dieses Zitat regt auch den Leser zur Reflexion seines Denkens an. Wie sehr ist mein eigenes Denken von Rationalität geprägt? Kann eine klar analytisch geprägte Vorgehensweise alle Lebensbereiche hinreichend bedienen? Faber gibt darauf keine Antwort. Seine Lebenskrise verrät jedoch, dass nicht jede Antwort berechenbar ist. Nichts kann mit den „Formeln der Wahrscheinlichkeit" (ebd.), ausgeschlossen oder vorhergesagt werden. Erst zu Ende begreift Faber seine Verfehlungen und Versäumnisse. Fabers Gedanken und sein Bewusstseinsprozess, bei dieser Entwicklung stehen im Vordergrund des Romans.

In der Literaturverfilmung hat Volker Schlöndorff sich an die Herausforderung gewagt, den erzählenden Bericht von Max Frisch zu visualisieren. Er versucht, die Subjektivität, wie den Berichtcharakter des Werkes, mithilfe filmischer Gestaltungsmittel nachzuahmen. Schon bald fällt jedoch auf, dass er zunehmend Schwierigkeiten hat, Fabers Gefühle, Gedanken und vor allem seinen Bewusstseinsprozess, darzustellen. Diese spielen jedoch in der Vorlage eine wesentliche Rolle.

In dieser Arbeit soll untersucht werden, inwiefern der Film, von der literarischen Vorlage abweicht. Als Abschluss werden die erarbeiteten Punkte resümiert und die Frage beantwortet, ob der Film die Aussage des Romans verfälscht.

2   Zum Roman „Homo Faber – Ein Bericht" von Max Frisch

Zu Beginn dieser Arbeit sollen wichtige Elemente des Romans vorgestellt werden, auf die im Verlauf der Untersuchung Bezug genommen werden kann. Außerdem soll dem Leser ein grober Eindruck der literarischen Vorlage vermittelt werden.

2.1   Aufbau und Inhaltsangabe des Romans

Bei dem Roman von Max Frisch handelt es sich um einen Bericht der in zwei Teile, Stationen genannt, gegliedert ist. Der Berichtscharakter wird durch zahlreiche Orts- und Zeitangaben, sowie Literaturverweise gestützt. Der Protagonist und Erzähler Homo Faber schildert sein Erlebtes nicht in chronologischer Reihenfolge. Stattdessen wird die Handlungsabfolge immer wieder durch Rückblenden unterbrochen, die aufmerksames Lesen erfordern. Um den Zugang zum Geschehen zu erleichtern, wird in dieser Arbeit die Handlung in chronologischer Abfolge und stark gekürzt dargestellt.

In den Jahren 1933 bis 1935 lernt Faber seine spätere Geliebte, Hanna Landsberg, kennen. Bald darauf erwarten sie ein gemeinsames Kind und er hält um ihre Hand an. Sie lehnt jedoch letzten Endes ab. Bei ihrer Trennung 1936 einigen sie sich auf die Abtreibung des Kindes, zu welcher es aber nie kommt, was Faber zunächst nicht erfährt.[1] An diesem Punkt beginnt die eigentliche Geschichte. Der weit gereiste Ingenier, der an nichts als die Technik glaubt, erkennt bei einer Notlandung seine Reisebekanntschaft Herbert Hencke als den Bruder seines Studienfreundes Joachim Hencke. Herbert unterrichtet Faber unter anderem über Joachims gescheiterte Ehe mit Fabers einstiger Geliebten Hanna Landsberg. Ganz gegen seine Gewohnheiten, bricht Farber seine Geschäftsreise spontan ab und begleitet Herbert, der auf dem Weg in den Dschungel von Guatemala zu Joachim ist. Dort angekommen finden sie Joachim erhängt vor. Herbert beschließt auf der Plantage zu bleiben, Faber hingegen begibt sich zurück nach New York.[2] Bereits am nächsten Tag besteigt er ein Schiff nach Europa. Auf der Überfahrt lernt er die 20-jährige Sabeth kennen, die auf dem Weg zurück nach Athen ist, wo sie von ihrer Mutter erwartet wird. Er verliebt sich in sie und macht ihr - kurzer Hand - einen Heiratsantrag, welcher jedoch unbeantwortet bleibt. Später in Paris treffen sich die beiden zufällig wieder. Dort beschließen sie zusammen die Reise nach Athen in einem Pkw anzutreten. Auf ihrer Reise durch Frankreich, Italien und Griechenland erleben die Verliebten eine glückliche Zeit.

---

[1] Vgl. Bernd Matzkowski. 2011. S. 29
[2] Vgl. Ebd. S. 30

Diese wärt jedoch nicht lange, da Faber immer mehr bewusst wird, dass Sabeth seine eigene Tochter ist, die er abtreiben wollte. Kurz vor dem Ziel ereignet sich ein tragischer Unfall. Sabeth wird von einer Aspisviper gebissen und stürzt eine Böschung herunter. Faber bringt sie in ein Athener Krankenhaus, wo er auf Hanna trifft. Sein Verdacht bestätigt sich, dass Sabeth seine eigene Tochter ist. Am 28.05. verstirbt Sabeth an ihren Verletzungen die sie sich durch den Sturz zugezogen hatte.[3] Mit diesem Ereignis beginnt die zweite Station. Nach einer Zeit des Reisens und der Reflexion seiner Vergangenheit kommt Faber zurück nach New York. In der nächsten Zeit denkt er immer öfter an Hanna und sehnt sich nach ihr. Schließlich beschließt er, nach Athen zu reisen, um sie zu besuchen. Einen Tag nach seiner Ankunft wird er, aufgrund seiner starken Magenschmerzen, in ein Athener Krankenhaus eingeliefert. Während er auf seine Magenoperation wartet, besucht ihn Hanna täglich. Faber ahnt, dass er die Operation nicht überleben wird. Am 26.07. enden die Aufzeichnungen abrupt mit dem Kommen der Operationsärzte.[4]

2.2   „Homo Faber" – Ein Klassiker

Schon bei Erscheinung 1957 war „Homo Faber" ein Bestseller. Max Frisch führt den Leser der Nachkriegszeit, der von der Außenwelt abgeschnitten ist, an ihm unbekannte Plätze. Die Reise führt von Texas über Lateinamerika und New York, nach Griechenland. Der Autor nimmt den Leser also mit auf eine Bildungsreise, die ihm gleichzeitig Lust macht, selbst die Welt zu erleben. Für den heutigen Menschen ist es einfach geworden, die Welt zu bereisen. Daher ist die Faszination der Handlungsorte in den Hintergrund getreten. „Homo Faber" hat seine Bedeutung jedoch nicht verloren. Der Grund dafür ist seine zeitlose Thematik. Der Konflikt zwischen rationalem Denken und empfindsamen Handeln ist allgegenwärtig. So neigt der Mann dazu, sein Weltbild auf Rationalität zu bauen, wobei Emotionen weniger zu Tage treten. Das Verhalten der Frau dagegen ist impulsiver und gefühlsorientierter. Diese geistig-seelische Disparität zwischen Mann und Frau ist geschlechtlich bedingt und in der Hirnforschung längst anerkannt.[5] Wie im „Homo Faber" löst sie oft Missverständnisse aus oder führt sogar bis zum Scheitern von Beziehungen.

Bis heute wurde der Roman millionenfach verkauft. Durch seinen klaren Stil, die spannende Handlung und seine zeitlosen Thematik etablierte er sich auch als beliebte

---

[3] Vgl. Bernd Matzkowski. 2011. S.31 ff.
[4] Vgl. Ebd. S.34 f.
[5] Vgl. Focus. S. 158 f.

Schullektüre. Mehrfach wurde „Homo Faber" für die Bühne adaptiert und kam 1991 in die Kinos. Der in mehr als 20 Sprachen übersetzte Roman gilt als „moderner Klassiker".[6] Für Georg Hensel ist Max Frisch mit dem Roman „nicht nur sein Meisterwerk gelungen – es ist ein Meisterwerk von internationalem Rang"[7].

2.3 Zeitgeschichtlicher Hintergrund

Der 1957 veröffentlichte Bericht enthält zahlreiche Zeitbezüge aus Politik, Wirtschaft und Gesellschaft. Walter Faber selbst spiegelt vielschichtig das gesellschaftliche Leben der 1950er Jahre wieder. Er repräsentiert den amerikanischen Traum, den unabbringlichen Glauben an die Technik sowie den Dualismus zwischen dem Verstand und der Liebe. Bei Romanveröffentlichung lag das Ende des zweiten Weltkrieges erst zwölf Jahre zurück. Das Volk hat angefangen, Erinnerungen aus der Zeit der nationalsozialistischen Ideologie zu vergessen bzw. zu verdrängen. Max Frisch gräbt diese Erinnerungen wieder aus. Mit der geschilderten Vergangenheit Hannas, der ehemaligen Geliebten Fabers, wird der Leser an den damals vorherrschenden Antisemitismus und die Rassentrennung erinnert (S.49 f.). Als der Roman 1957 erschien, drohte erneut ein Krieg von unberechenbarem Ausmaß auszubrechen. Im „Kalten Krieg" standen sich die Sowjetunion und die USA hochgerüstet gegenüber. Auch diese Kriegsproblematik greift Max Frisch auf (Vgl. Anschauungen von Herbert Hencke über die „Wiederbewaffnung" der USA, S.9 f.). [8]

2.4 Biographie von Max Frisch

Der in Zürich gebürtige Schweizer Max Frisch zählt nicht nur zu den bekanntesten Schriftstellern seines Heimatlandes, sondern gilt auch als einer der wichtigsten Vertreter der deutschsprachigen Literatur. Sein 1950 veröffentlichtes Tagebuch, der Roman „Stiller" (1954), sowie „Homo Faber" (1957), sind von großer literarischer Bedeutung und verhalfen ihm zu seinem Durchbruch als Autor.[9] „Im Mittelpunkt seines künstlerischen Interesses steht der Einzelne, das Individuum mit seinem Identitätsproblem, seiner Selbstentfremdung und seiner zwiespältigen gesellschaftlichen Bindung."[10] Diese Inhalte spiegeln sich in seinem Werk Homo Faber und den Charakterzügen des gleichnamigen Protagonisten wieder.

---

[6] Wikipedia: Homo Faber (Roman).Rezeption
[7] Schmitz, Walter. 1991. S.271
[8] Vgl. Bernd Matzkowski. 2011. S.14-17
[9] Vgl. Lotz, Brigitte: xlibris
[10] Ebd.

4

3 Zum Film „Homo Faber" von Völker Schlöndorff

3.1 Entstehung des Films

Die gleichnamige visuelle Adaption von Volker Schlöndorff basiert auf der Literaturvorlage von Max Frisch. Schon in den 1970er Jahren bekam Schlöndorff das Angebot der Paramount Studios, Homo Faber zu verfilmen. Damals lehnte er ab, da er Schwierigkeiten in der Umsetzung sah. 18 Jahre später weckte eine Lebenskrise sein Interesse, sodass er sich entschied, den Film tatsächlich zu drehen.[11] An diesem Punkt konnte Volker Schlöndorff noch nicht die Probleme erahnen, die die Produktion mit sich brachte. Verursacht von der hohen Anzahl der Drehorte (Mexiko, New York, Italien, Griechenland) explodierten die Kosten für das Projekt. Als Folge musste der Drehbeginn um ein Jahr verschoben werden. Als die Dreharbeiten ein Jahr später in Mexiko begannen, folgten schon bald neue gravierende Probleme mit dem Kameramann und dem englischen Hauptdarsteller Sam Shepard. Kurz nach der Fertigstellung des Films starb Max Frisch, noch vor der Premiere. Trotz dieser Schwierigkeit bei den Drehaufnahmen ist Volker Schlöndorff mit seinem Produkt sehr zufrieden.[12]

3.2 Erzählsituation und visuelle Umsetzung

Wie der Roman, wird auch der Film aus Sicht Fabers erzählt. Er basiert auf Fabers Erinnerungen. Der Inhalt wird somit ebenfalls subjektiv dargestellt. Der Regisseur schafft es unter Verwendung von Off-Stimmen Fabers Gedanken darzustellen. So ist Faber Akteur und Erzähler zugleich. Die Off-Stimme umfasst Bemerkungen zur Handlung und stellt Fabers Weltbild, seine Gefühle und seine Erinnerungen dar. Sie nimmt also die charakteristischen Funktionen eines Ich-Erzählers ein. Oft gibt sie dem Zuschauer eine Vorahnung auf weitere Ereignisse (z.B.: 18:14-18:32). Schon an diesem frühen Punkt der Handlung wird dem aufmerksamen Zuhörer das Ende des Dramas offenbart. Weiter erläutert die Off-Stimme Fabers Haltung zu seiner Handlung. So liebkost er Ivy und ist außerordentlich freundlich zu ihr, während er daran denkt, mit ihr Schluss gemacht zu haben (26:26-26:34). Dies zeigt die Differenz zwischen dem erlebenden und dem erzählenden Faber. Zusammenfassend ist die vorliegende Erzählsituation eine bewusste Annäherung an die literarische Vorlage, welche teilweise von wörtlichen Zitaten gestützt ist. Lediglich durch Kameraführung wird nicht ersichtlich, dass Faber selbst erzählt. Sie

---

[11] Vgl. Homo Faber (Film). Wikipedia
[12] Vgl.Mariam Schaghaghi. karriere.de

wahrt stets einen gewissen Abstand zu ihm (ausgenommen erste und letzte Szene).[13] Die Kamera zeigt also nicht die Handlung direkt aus der Sicht Fabers, sondern ist mehr als „eine außenstehende Instanz, die den narrativen Bilderfluss steuert"[14], zu sehen.

4 Vergleichende Betrachtung von Roman und Film

Im folgenden Kapitel wird Schlöndorffs filmische Adaption mit der Vorlage von Max Frisch verglichen. Es wird neben den Personen, auf wesentliche Vergleichspunkte Bezug genommen.

4.1 Ausarbeitung der Personen

4.1.1 *Walter Faber als „Homo Faber"*

Walter Faber, der 50 jährige Ingenieur und Vater von Sabeth, ist Berichtsschreiber und Protagonist zugleich. „Seine Welt bzw. seine Weltvorstellung ist geprägt von Rationalität, Nützlichkeitserwägung, statistischen Berechnungen, exakt Messbarem."[15] Dieses Denken hilft ihm, seine unangenehmen Erfahrungen zu verdrängen, wie auch seine echten Gefühle zu unterdrücken. Er ist ein Mensch, der nicht an Fügung und Schicksal glaubt, sondern alles Erfahrbare einzig und allein mit Mathematik und Technik zu erklären versucht. Der „Homo Faber" [lat. der Mensch als Handwerker], wie ihn Hanna nennt (S.50.21), ist in der philosophischen Anthropologie eine Wesensbestimmung; als Gegensatz der homo ludens (lat. der spielende Mensch).[16] Sie bestimmt ihn als schaffenden Menschen, welcher in der „Welt [einen] technisch, durch Werkzeuge verändernden Bezug zum Dasein hat."[17] Im Gegensatz zum Buch werden Fabers Magenbeschwerden im Film nur angeschnitten. Dadurch erübrigt sich die Darstellung der zweiten Station. Der Ausgang bleibt dennoch offen, lockert dadurch aber die Dramatik es Romans. Der Film endet mit dem Off-Kommentar Fabers: „Ich halte nichts vom Selbstmord. Das ändert ja nichts daran, dass man auf der Welt gewesen ist. Und was ich wünschte, nie gewesen zu sein. [...] Wo soll ich sie suchen?" Spätestens jetzt wird ihm seine Schuld an Sabeths Tod bewusst. Er wird sichtlich von seinem Gewissen geplagt; eine psychische Folter. Im Leben sieht er keinen Sinn mehr.

---

[13] Vgl. Daniela Sechtig. 2005. S. 14 f.
[14] Hurst, Matthias. 1996. S.226
[15] Ebd. S.80
[16] Vgl. Der große Brockhaus. 1983. S. 46
[17] Ebd. S. 46

4.1.2 *Fabers Tochter und Geliebte Sabeth*

Sabeth, eigentlich Elisabeth, ist der Spitzname den Faber ihr gibt. Sie ist die Verbindung von Faber zu Hanna. Faber nimmt sie schon sehr bald auf dem Schiff wahr. Er sucht ihre Nähe, ohne zu wissen warum. Schon am Anfang ihrer Bekanntschaft erinnert ihn Sabeth an Hanna. Wobei er einschränkend anmerkt: „Ich sagte mir, dass mich wahrscheinlich jedes junge Mädchen irgendwie an Hanna erinnern würde." (S.85) Was letztlich die Anziehungskraft Sabeths auf Faber ausmacht wird nicht klar. Auf ihren gemeinsamen Reisen interessiert sie sich für Kunst, Natur und die Landschaft, ist jedoch auch mit jugendlichen Attributen ausgestattet. Ihren Charakter weiter zu beschreiben, ist eine Herausforderung. Denn sie bleibt – erstaunlicherweise - eher unbestimmt, ihr Charakter damit deutungsoffen.[18] Im Film wird sie auffallend emanzipierter, dynamischer und erotischer gezeigt. Es entsteht der Eindruck, dass sie es ist, welche die Nähe Fabers sucht, welche ihn umschwärmt, nicht umgekehrt. Diese veränderte Wahrnehmung beruht darauf, dass sie, anders als im Roman, nicht aus Fabers väterlicher Sicht dargestellt wird.

4.1.3 *Fabers ehemalige Geliebte Hanna Landsberg*

Die ehemalige Kunststudentin Hanna ist deutsche Halbjüdin und Mutter von Sabeth. Während ihrer Studienzeit war sie die Geliebte von Walter Faber (1934-36). In ihrem Leben hatte sie einige Männer, von welchen sie sich jedoch immer wieder trennte. Sie ist als Kontrastfigur zu Faber angelegt. In seinem Bericht vermittelt Faber das Bild einer temperamentvollen, emanzipierten, sprunghaften, sowie unberechenbaren Frau. Sie erkennt ihre Mitschuld am Inzest und tragischem Tod ihrer Tochter. Denn sie hatte Sabeth nie gestattet ihren Vater kennen zu lernen, so wäre es gar nicht erst so weit gekommen. Dafür bittet sie Faber um Verzeihung und nennt sich selbst eine „Idiotin" (S.220).[19] Im Buch spielt ihre Figur eine wichtigere Rolle, als im Film. Denn im Film fehlt die zweite Station, in der Faber erneut die Absicht hat, Hanna zu heiraten. Damit tritt sie zum einen seltener auf, zum anderen verliert ihrer Person an Bedeutung im Gesamtkomplex der Handlung.

---

[18] Vgl. Bernd Matzkowski. 2011. S.85-88
[19] Bernd Matzkowski. a.a.O. S.83 f

4.2 Gemeinsamkeiten

Der gleichnamige Titel, sowie die Bemerkung auf dem Film „nach dem Roman von Max Frisch" geben an, dass der Film als Literaturverfilmung des Romans gedacht ist. So hält sich Schlöndorff auch in entscheidenden Punkten an seine Vorlage. Der Inhalt des ersten Kapitels entspricht in etwa dem Roman. Nicht nur die wesentliche Handlung wird wiedergegeben, sondern auch die Erzählstruktur erinnert an seine Vorlage. Auch der Berichtscharakter wird im Film nachgeahmt; dazu wurde bereits an früherer Stelle Bezug genommen (siehe 3.2).

4.3 Abweichungen

Dem Film gelingt es nicht der Intension des Autors zu folgen. Während Frisch die Entwicklung und das Scheitern seines Protagonisten als Hauptthematik ansetzt, legt Schlöndorff mehr Wert auf die Liebesbeziehung zwischen Faber und Sabeth. Dadurch tritt im Film unter anderem Fabers übersteigerte Faszination der Technik in den Hintergrund. Max Frisch schreibt über Walter Faber: „Dieser Mann lebt an sich vorbei, weil er einen allgemein angebotenen Image nachläuft, das von ‚Technik'. [...] Der ‚homo faber' ist sicher ein Produkt einer technischen Leistungsgesellschaft und Tüchtigkeitsgesellschaft, er misst sich an seiner Tüchtigkeit, und die Quittung ist sein versäumtes Leben."[20] Max Frisch kritisiert den überhöhten Stellenwert der Technik, in den Köpfen der Menschen. Durch sie ist nach Frisch, eine Selbstfindung schwierig. Der Mensch ist sich also selber fremd. Diese Kritik, kann dem Zuschauer durch den Film nicht vermittelt werden. Eine weitere wichtige Thematik im Roman ist das Weltbild Fabers, das sich im Romanverlauf entwickelt, sowie seine Auseinandersetzung mit seiner Schuld. Im Buch weckt Sabeth eine ganz neue Seite von Faber: Er beginnt seine Gefühle zuzulassen. Damit eng verknüpft ist seine Auseinandersetzung mit seiner Schuld.[21] Der Leser erlangt Einsicht in Fabers inneren Zustand, unter anderem durch seine radikal subjektive Erzählweise. Im Film ist diese Einsicht dem Zuschauer jedoch nur bedingt möglich. Schlöndorff setzt einen Off-Kommentator ein, um Fabers seelischen Zustand zu zeigen. Dadurch wird zwar erkennbar, dass er am liebsten alles ungeschehen machen würde, seine quälende Schuld und seine innere Unruhe treten jedoch nicht wie im Buch hervor.

---

[20] Max Frisch, zitiert nach: Müller-Salget. S. 131
[21] Vgl. Bernd Matzkowski. 2011. S. 96

Um einen 220-seitigen Roman in Spielfilmlänge wiederzugeben, bedarf es Kürzungen. Schlöndorff spart nicht nur an unwichtigen Abschnitten der Handlung, wie in New York und Mexiko, sondern er lässt die gesamte zweite Station weg. Dadurch bleibt der Film, im Gegensatz zu seiner Vorlage, offen. Weiter ist die Handlung im Film einfacher verständlich. Der Grund dafür ist, dass die Chronologie nicht so oft von Rückblicken oder Gedanken und Monologen Fabers unterbrochen wird. Rückblicke werden außerdem durch filmische Mittel, wie eine Sepiafärbung des Bildes dargestellt, und damit deutlich von der restlichen Handlung abgegrenzt. Die Notizen, Kommentare und Reflexionen Fabers versucht Schlöndorff erneut mit Off-Kommentaren zu ersetzen. Diese nehmen jedoch, im Vergleich mit den Anmerkungen im Buch, nur einen sehr geringeren Umfang ein. Sie wirken nebensächlich und haben keine Bedeutung für das weitere Verständnis der Handlung.

5 Exemplarische Analyse einer Szene

Die ausgewählte Szene, die exemplarisch untersucht werden soll, verkörpert das letzte bedeutsame Ereignis des Films: Der Tod Sabeths. Damit verlieren Hanna und Faber ihr gemeinsames Kind. Während der Film mit diesem Ergebnis endet, markiert die Szene im Roman den Beginn der zweiten Station. Zur Veranschaulichung und Erleichterung des Verständnisses, befinden sich alle angesprochenen Momentaufnahmen im Anhang.

5.1 Inhalt der Szene

Die Szene beginnt mit dem Auftreten eines Arztes bei (1:41:30). Daraufhin betreten Faber und Hanna einen Raum, indem der tote Körper auf einer Liege gebettet liegt. Arzt und Arzthelferinnen lassen die beiden allein. In einem Gefühlsausbruch schlägt Hanna unkontrolliert auf Faber ein. Zu Ende der Szene (1:42:43) liegen sich die beiden Trauernden, sichtlich von ihren Gefühlen überwältigt, in den Armen.

5.2 Interpretation der Szene

Die Filmszene wird mit einer fast fünf Sekunden andauernden weichen Überblendung eingeleitet. Dadurch wird die Szene deutlich von der Vorhergehenden abgegrenzt und ihre große Bedeutung im Werk wird signalisiert. Als Handlungsort sieht der Zuschauer den Flur des Athener Krankenhauses, in dem Sabeth behandelt wird. Der Arzt tritt in einer Halbnahen Einstellung auf, womit seine Mimik und Gestik an Bedeutung gewinnt. Er

wirkt streng, sachlich, anteilnehmend. Er trägt einen weißen Arztkittel, darunter ein weißes Hemd, mit schwarzer Krawatte. Während seines Gangs auf dem Flur, hält er Augenkontakt mit der Kamera und spricht griechisch. Er wartet kurz bevor er nach links in das Krankenzimmer eintritt. Begleitet wird er von einem Kameraschwenk.

Stark auffällig im Bild ist die Dominanz der weißen Farbe; wobei der Arzt in einem helleren Weiß-Ton und die Umgebung in einem etwas dunkleren Weiß-Ton erscheint. Dadurch wirkt die Situation zuerst klar, neutral und rein. Bei genauerer Betrachtung ernüchtert sich dieser Ersteindruck, aufgrund der schwachen Beleuchtung zu einem kühlen, sterilen Bild. Allein die schwarze Krawatte des Arztes weicht vom Weiß des restlichen Bildes ab und sticht dadurch ins Auge. Sie signalisiert die Ernsthaftigkeit des Arztes und lässt den Betrachter den Tod Sabeths bereits erahnen.

Während der Arzt, Hanna und Faber in das Zimmer eintreten, wird das Griechisch des Arztes durch einen Off-Kommentar Fabers übertönt: „Wie der Arzt sagte, hatte das Serum gut gewirkt. Aber durch den Sturz auf den Felsen, hatte sie eine Fraktur der Schädelbasis erlitten. Ihr Tod trat kurz vor Mitternacht ein." Er spricht langsam und macht nach jedem Satz eine kurze Pause. Der Off-Kommentar überdauert die Worte des Arztes und endet kurz danach. Beim Eintreten in das Zimmer sind dort drei Arzthelferinnen. Alle sehen in etwa gleich aus und sind gleich kostümiert. Sie tragen mittellanges, schwarzes Haar, eine

weiße Schürze, darunter eine hellblaue Bluse. Zwei von ihnen rücken das Bett, mit Sabeths Leichnam, in die Mitte des Zimmers, die Dritte öffnet die Tür. Sie verlassen kurz danach zusammen mit dem Arzt das Zimmer.

Faber und Hanna stehen jetzt allein im Zimmer, vor dem Bett ihrer toten Tochter. Faber steht am Fuß, Hanna eher am Kopf des Bettes, wodurch eine räumliche Distanz, zwischen ihnen, entsteht. Die Betten und Stühle im Zimmer wirken alt und heruntergekommen. Auf dem Fensterbrett, im Hintergrund, kann schemenhaft eine stählerne Teekanne erkannt werden. Diese verdeutlicht, dass Sabeth noch kurz zuvor am Leben war. Der geschlossene Rollladen hinter dem Fenster zeigt, dass es ein später Nachmittag oder Nacht ist. Durch das Symbol der Nacht wird die traurige Stimmung verstärkt. Auf der Tonspur setzt Musik ein. Es wird ein langsames und klagendes Instrumental-Lied gespielt. Schlöndorff bedient sich hier der Mood-Technik. Diese verfolgt das Ziel, die jeweilige Stimmung des Bildes beim Zuschauer hervorzurufen und zu verstärken. Auch nicht sichtbare Emotionen sollen dem Zuschauer vermittelt werden. Hier löst das klagend-langsame Lied Trauer und Mitgefühl beim Betrachter aus. Die Technik überdauert die restliche Szene.

Durch einen sichtbaren Schnitt, wird Sabeths Kopf in einer Großaufnahme, aus der Vogelperspektive gezeigt. Sie ist bleich, hat ihre Augen geschlossen und ihren Mund leicht geöffnet. Die Einstellung dauert sieben Sekunden an, ohne dass sich der Standpunkt der Kamera verändert. Damit verdeutlicht Schlöndorff, wie lange Faber und Hanna regungslos und ohne ein Wort zu sagen verharren, mit dem Blick auf das Gesicht ihrer toten Tochter. Der Kamerastandpunkt entspricht in etwa dem Blickwinkel von Faber und Hanna. Damit kann sich der Zuschauer in die Situation der beiden versetzten. Um die Reaktionen von Faber und Hanna besser zu zeigen, folgen getrennte Großaufnahmen deren Gesichter. Die Distanz zwischen beiden wird beibehalten. Der Fokus liegt auf den Gesichtern, wodurch der Hintergrund nur schemenhaft erkennbar ist. Die Mimik steht im Vordergrund. Faber, der zuerst gezeigt wird, hat leichte Zuckungen im Gesicht. Hanna wirkt wie versteinert und bleicher als sonst. Nach kurzem verharren dreht Hanna den Kopf Faber zu. Sie blickt ihn mit einem leeren und verzweifelten Blick an. Es folgt ein subjektiver Kamerastandpunkt Hannas, der Fabers Gesicht erneut zeigt. Er merkt, dass sie ihn ansieht, wendet seinen Blick jedoch nicht von Sabeth ab.

Plötzlich kommt es zu einem Gefühlsausbruch von Hanna. Ein sichtbarer Schnitt ändert die Einstellung zur Amerikanischen, welche beide Akteure zeigt. Hanna holt weit über

ihrem Kopf aus und schlägt mit geballten Fäusten mehrmals auf Faber ein. Hinter ihnen Sabeth. Völlig überrascht schützt er sich, mit seinen Armen und weicht ihr nach hinten aus. So trifft sie ihn nie richtig und gerät ins Wanken. Dabei sieht sie sehr unbeholfen aus, was auf ihren seelischen Zustand zurückzuführen ist. Als Faber am nächsten Krankenbett anstößt unterbindet er die Schläge, indem er sie fest in seinen Armen einschließt; sie verschmelzen zu einer Einheit. Dadurch durchdringt Faber die Distanz zwischen ihm und Hanna. Begleitet werden sie von einem Kameraschwenk, sodass Sabeth nun außerhalb des Bildes liegt. Daraufhin schwenkt die Kamera zu Sabeth zurück. Faber und Hanna sind jetzt nicht mehr im Bild. Dieses filmische Mittel ist folgendermaßen zu deuten: Faber bewegt sich weg von Sabeth, was seine Vergangenheit darstellt, hin zu Hanna, welche seine Zukunft bedeutet. Da der Film, anders als das Buch, an dieser Stelle endet, bleibt dies aber nur eine wage Hypothese, dass dies eine bewusste Andeutung auf Fabers Zukunft ist. Die Szene endet mit der Überblendung zu einer alten Filmaufnahme Fabers, in welcher Sabeth auf ihrer gemeinsamen Reise zu sehen ist.

5.3   Unterschiede zwischen Film- und Buchausschnitt

Vergleichbar ist die Szene, mit dem Ausschnitt im Buch auf Seite 173 (Zeile 17) bis Seite 174 (Zeile 9). Es gibt einige Unterschiede, die zu deuten sind. Auffällig ist, dass der Ausschnitt im Buch, verglichen mit dem Film, sehr kurz ist. Zurückzuführen ist das auf die höhere Gewichtung die Schlöndorff, der Beziehung zwischen Faber und Sabeth gibt. Somit erscheint es nur als logisch, dass er für diesen Punkt der Handlung mehr Zeit aufwendet. Anders als im Buch, kommt es in der Szene zu keinem Wortwechsel. Dadurch wird im Film die Distanz zwischen den Akteuren untermauert. Während Hanna im Buch Faber ins Gesicht schlägt, „bis sie nicht mehr kann" (S. 173). Schlägt sie in Schlöndorffs Adaption unkontrolliert auf den abwehrenden Faber ein, bis er sie fest in den Arm nimmt. Weshalb Schlöndorff Hannas Gefühlsausbruch auf diese Weise ändert, bleibt schwer zu deuten. Als letzten Unterschied beschreibt Faber im Buch die Verletzung genau mit medizinischen Fachtermini: „Verletzung der arteria meningica media, sog. Epidural-Haematom" (S. 174). Im Off-Kommentar werden diese Fachtermini ausgespart. Mit dieser Weglassung signalisier Schlöndorff, dass in der Szene und auch in Fabers Reflektion über das Ereignis, seine Emotionen stärker sind, als seine technische Seite.

6 Fazit

In einer Literaturverfilmung muss der Stoff des Romans auf die Zeit eines Spielfilms gekürzt werden. Dieser Vorgang impliziert die Überlegung des Regisseurs, wo er seine Schwerpunkte setzt und welche Teile er streicht. Obwohl der Handlungsstrang des Films, sehr nah am Buch bleibt, fehlen dennoch wesentliche Elemente, die Fabers Psyche beschreiben. Der Zuschauer wird viel zu selten mit Fabers Gedankenwelt konfrontiert, um sich in Fabers innere Vorgänge zu versetzten und sein Weltbild verstehen zu können. Die Hauptproblematik verschiebt sich somit weg von der Lebenskriese eines Rationalisten, hin zu einer simplen Liebesgeschichte. Dadurch setzt Schlöndorff nicht nur einen neuen Schwerpunkt, sondern verfehlt regelrecht die Intension des Romans. Ohne das Buch gelesen zu haben, läuft der Betrachter des Films Gefahr, ein völlig falsches Bild von „Homo faber" zu entwickeln.

7 Eigene Meinung zur Literaturverfilmung

Es ist schwer einen Roman zu verfilmen, dessen Anliegen es ist, die Gefühlwelt seines Protagonisten darzustellen und die Personen durch ihre seelischen und geistigen Eigenheiten zu kontrastieren. Schlöndorff war sich dieser Problematik bewusst. Auch wenn er Max Frischs ursprüngliche Intension verfehlt, schafft er es den Handlungsstrang unter einem interessanten Blickwinkel wiederzugeben. Zugegeben ist das neue Produkt nicht in der Lage, Fabers Gefühlwelt ebenso eindrucksvoll wie seine Vorlage darzustellen. Meiner Meinung nach gelingt Schlöndorff dennoch ein sehenswerter Film, der einen bleibenden Eindruck hinterlässt und zum weiteren Nachdenken anregt.

.

8 Anhang

8.1 Literaturverzeichnis

Primärwerke:

- Max, Frisch: Homo Faber. Frankfurt am Main, 1998
- Volker Schlöndorff: Spielfilm: Homo Faber

Sekundärwerke:

- Matzkowski, Bernd: Homo Faber. Textanalyse und Interpretation. Hollfeld, 2011
- Müller-Salget, Klaus (Hrsg.): Max Frisch. Literaturwissen für die Schule und Studium. Stuttgart, 1996
- Hurst, Matthias: Erzählsituationen in Literatur und Film. Tübingen, 1996
- Schmitz, Walter (Hrsg.): Frischs Homo Faber. Frankfurt, 1991
- Sechtig, Daniela: Homo Faber: Die narrative Struktur der Literaturverfilmung von Volker Schlöndorff. Osnabrück, 2005
- Der große Brockhaus. 18. Aufl. Wiesbaden, 1983
- Focus. Warum Frauen anders denken als Männer. 14. Ausgabe, 1995

Internetquellen:

- Lotz, Brigitte: Max Frisch / Biographie. www.xlibris.de/Autoren/Frisch/Biographie.11.10.2012
- Mariam Schaghaghi: "Regieführen ist Diplomatie". www.karriere.de/karriere/regiefuehren-ist-diplomatie-9936. 05.09.2012
- Homo Faber (Film). http://de.wikipedia.org/wiki/Homo_Faber_(Film)#Entstehung. 05.09.2012
- Homo Faber (Roman). http://de.wikipedia.org/wiki/Homo_faber_(Roman)#Rezeption. 2.10.2012

8.2 Bilder zu den einzelnen Takes

Der Arzt auf dem Flur, während er auf Griechisch die Todesursache verkündet (1:41:32).

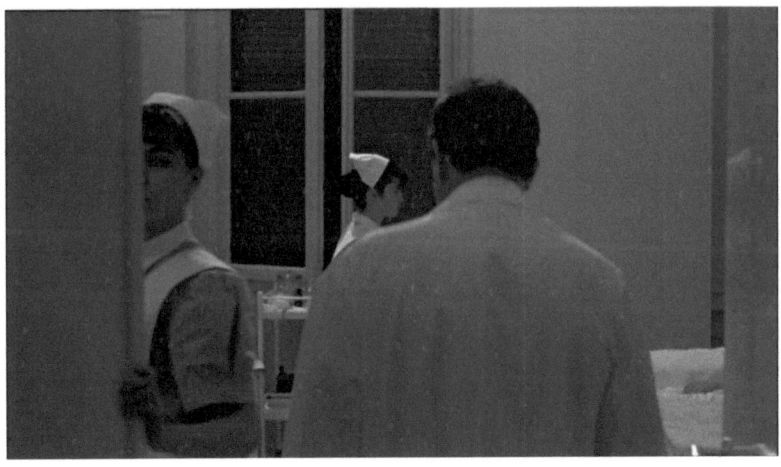

Arzt und Arzthelferinnen beim Eintreten in das Zimmer (1:41:44).

Distanz zwischen Faber und Hanna (1:41:55).

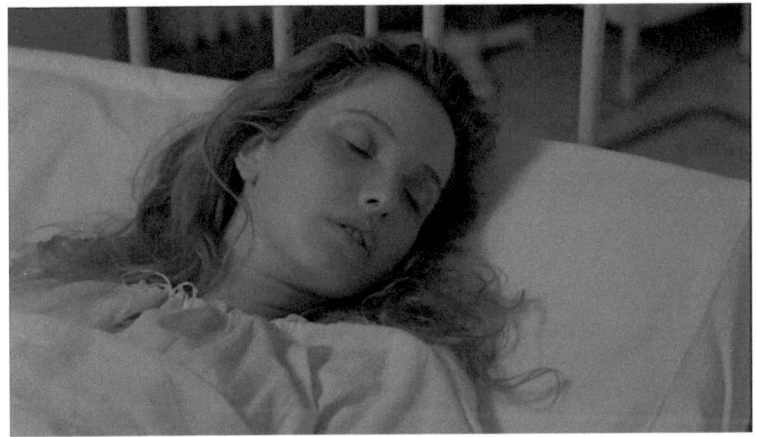

Der Leichnam Sabeths bei (1:41:57).

Faber bei(1:42:04) und (1:42:13), sowie Hanna bei (1:42:07).

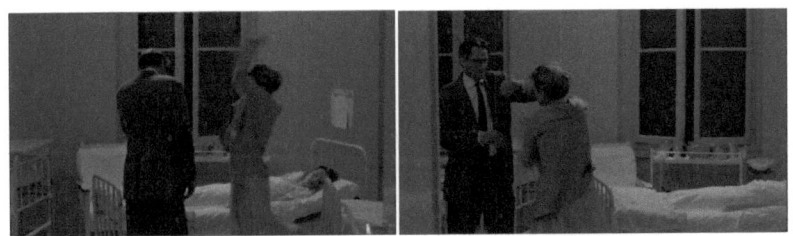

Hanna schlägt auf Faber ein (1:42:16) und (1:42:18).

Faber und Hanna verschmelzen zu „einer Einheit" (1:42:23).

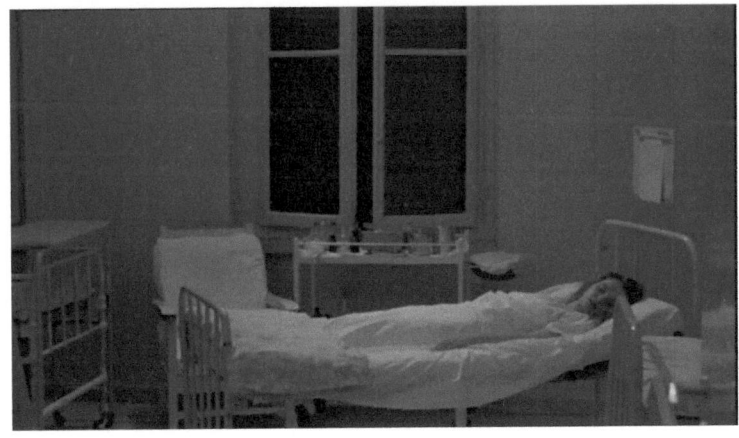

Kameraschwenk zurück zu Sabeth (1:42:43).

8.3 Sequenzprotokoll des Films

Nr.	Inhalt
1	Abflug in Caracas. Aufgrund eines Defekts muss sein Flugzeug in der Wüste notlanden. Seine Reisebekanntschaft Herbert Hencke entpuppt sich als Bruder von Joachim.
2	Faber begleitet Herbert mit in den Dschungel um Joachim wiederzusehen. Sie finden ihn erhängt vor. Faber reist zurück nach New York.
3	Schiffsreise nach Europa - Faber lernt Sabeth kennen, verliebt sich in sie und macht ihr einen Heiratsantrag. Trennung am letzten Tag der Überfahrt.
4	Zufälliges Wiedersehen im Louvre. Gemeinsame Fahrt nach Italien. Liebesnacht. Faber erfährt nach und nach über Sabeths Herkunft.
5	Unfall am Meer. Wiedersehen mit Hanna. Fabers Verdacht bestätigt sich. Sabeth stirbt schließlich.

8.4 Ausdruck der verwendeten Internetquellen

Lotz, Brigitte: Max Frisch / Biographie.

http://www.xlibris.de/Autoren/Frisch/Biographie.11.10.2012

„Der gebürtige Schweizer Max Frisch zählt neben Friedrich Dürrenmatt nicht nur zu den bekanntesten modernen Schriftstellern seines Heimatlandes, sondern gehört seit den 1940er Jahren auch zu den bedeutendsten Vertretern der deutschsprachigen Literatur. Seine Romane *Homo Faber* und *Stiller* sind bis heute fester Bestandteil des gymnasialen Deutschunterrichts. Mit seinem 1950 veröffentlichten *Tagebuch 1946–49*, das viele als Frischs eigentliches Hauptwerk ansehen, verhilft er der deutschsprachigen Literatur nach dem Zweiten Weltkrieg wieder zum Anschluss an das europäische Niveau. Im Mittelpunkt seines künstlerischen Interesses steht der Einzelne, das Individuum mit seinem Identitätsproblem, seiner Selbstentfremdung und seiner zwiespältigen gesellschaftlichen Bindung. Diese Hauptthemen präsentierte Frisch durch die Brille eines skeptischen, keinen Konventionen folgenden Humanismus'.

In seinem mehr als 40-jährigen Schaffen entwickelt sich der Schriftsteller zu einem stets unterhaltsamen, aufrichtigen Mahner, der trotz einiger Anfeindungen von außen sowohl im privaten wie im öffentlichen Bereich unbeirrt an seinen Anschauungen festhält. Seine anfangs eher naive Sichtweise auf Politik und auf Literatur und Kunst wandelt sich durch die beständige Auseinandersetzung mit seinem privaten und beruflichen Leben zu politischer Selbständigkeit und Kritikfähigkeit. Doch trotz seines engagierten Auftretens lässt sich Frisch vor keinen Wagen spannen und bleibt zeitlebens ein politischer

Einzelkämpfer. Während in seinen Romanen und Dramen der private Mensch deutlich im Vordergrund steht, nimmt der Schriftsteller in seinen Artikeln, Essays und Reden immer wieder Stellung zum aktuellen Zeitgeschehen und setzt sich u. a. mit den Themen Kalter Krieg, Schweizer Asylpolitik und mit der Gastarbeiterproblematik auseinander. Trotz seiner öffentlich gemachten Sympathie für die SPD-Politiker Willy Brandt und Helmut Schmidt ist er weder Parteigänger noch Agitator, sondern versteht sich als kritisch begleitender Intellektueller und aktiver Künstler. Max Frisch wird am 15. Mai 1911 in Zürich geboren. Er entstammt einer Familie von Einwandererkindern kleinbürgerlicher Herkunft, deren Eltern - Frischs Großeltern - aus wirtschaftlicher Not aus Österreich bzw. Württemberg in die Schweiz gekommen waren. Sein Vater, der sich autodidaktisch zum Architekten ausgebildet hat, muss sich während des Ersten Weltkriegs als kleiner Makler durchschlagen, sodass das Familienleben durch finanzielle Nöte belastet ist. Während Frisch sein Verhältnis zur Mutter als große Nähe empfindet, bezeichnet er seine Beziehung zum Vater als Gefühlslücke. Die Beschäftigung mit Literatur und Kunst wird zunächst durch die große Leidenschaft Fußball verdrängt: der kleine Max will als Erwachsener unbedingt Fußballtorwart werden. Erst mit seinem Eintritt ins Realgymnasium 1924 und mit seiner Freundschaft zu Werner Coninx, einem Sprößling aus einer großbürgerlichen, vermögenden Familie, ändern sich seine Interessen. Er bekommt erste Einblicke in die Welt der Philosophie, in Kunst, Musik und Literatur. Der Schüler schreibt erste Bühnenstücke, die jedoch nicht erhalten sind.

Nach dem Abitur absolviert Frisch eine Rekrutenausbildung in Thun, lehnt die ihm angebotene Offizierslaufbahn jedoch ab. Aus dem Wunsch heraus Schriftsteller zu werden, entscheidet er sich für ein Studium der Germanistik. Obwohl sich dieses schnell als Verlegenheitslösung entpuppt, geben ihm Professoren und Dozenten wie Robert Faesi oder Walter Muschg wichtige Anregungen für seinen weiteren Weg. In den 1930er Jahren vertritt Max Frisch eine eher unpolitische Haltung: Die Literatur und das Literarische bleiben für ihn von der Politik abgehoben. Stattdessen stellt er den Menschen und seine psychische Verfassung, seine Probleme und Eigenarten in den Vordergrund seines Interesses. Als 1932 der Vater unerwartet stirbt, lastet ein enormer Schuldenberg auf der Familie. Aus der finanziellen Notlage heraus bricht der 21-Jährige sein Germanistikstudium ab und bemüht sich darum, als Journalist Fuß zu fassen. Aufbauend auf seine freie Mitarbeit bei der Neuen Zürcher Zeitung veröffentlicht er in verschiedenen deutschsprachigen Feuilletons. Es entstehen kleinere Skizzen, Landschaftsbeschreibungen,

Buchbesprechungen, aber auch kurze, stark autobiografisch geprägte Erzählungen. 1933 bricht Frisch zu einer ersten größeren Auslandsreise auf, die in u. a. auf den Balkan und nach Griechenland führte. Dieser Reise sollten in den späteren Jahren zahlreiche weitere folgen, denn Frisch diente das Reisen stets als Erweiterung seines Horizonts. So prägen seine Reiseerlebnisse auch seinen ersten Roman. Im Mittelpunkt des 1934 unter dem Titel Jürg Reinhart. Eine sommerliche Schicksalsfahrt erschienenen Werks steht ein junger Schweizer Journalist, der auf Reisen geht. 1936 entscheidet sich Frisch gegen eine dichterische Laufbahn und beginnt mithilfe eines Mäzens ein Architekturstudium, das er 1941 beendet. Im Zuge dieser Wende in seinem Leben verbrennt er nahezu alle bisher verfassten Werke, sodass heute kaum noch etwas aus dieser Zeit überliefert ist. Ganz gibt der Architekturstudent das Schreiben jedoch nicht auf: Während des Krieges entstehen nämlich die Blätter aus dem Brotsack, die sich vorwiegend als Reflexionen über das Soldatenleben präsentieren. 1942 eröffnet Frisch in Zürich ein eigenes Architekturbüro und heiratet Gertrude Anna Constance von Meyenburg. Seine aus einer namhaften großbürgerlichen Familie stammende Ehefrau ermöglicht ihm einen sozialen Karrieresprung. Überhaupt stellt Frisch später diese Phase seines Lebens als bewusste Entscheidung für ein bürgerliches Leben dar, dass es ihm ermöglicht, endlich dazuzugehören. 1943, 1944 und 1949 werden die drei gemeinsamen Kinder geboren. Die Diskrepanz zwischen bürgerlicher und künstlerischer Existenz bleibt jedoch für den Schriftsteller zeitlebens ein prägendes Thema. Bereits 1944 greift er in seinem Roman J'adore ce qui me brûle oder Die Schwierigen diesen Zwiespalt auf. Und auch er selbst beginnt bald mit seinem Leben als Architekt, Ehemann und Familienvater zu hadern. Er nähert sich immer mehr der Künstlerrolle an und nutzt jede freie Minute, um zu schreiben. 1944 wird Santa Cruz veröffentlicht, ein Drama, das ein ausweglos unglückliches Eheleben in den Mittelpunkt stellt. Etwa zur gleichen Zeit erscheint die erste längere Ich-Erzählung Bin oder Die Reise nach Peking. Frischs Kriegsdrama Nun singen sie wieder wird als erstes seiner Theaterstücke 1945 in Zürich uraufgeführt und ist kurz darauf auch in München und Hamburg auf der Bühne zu sehen. 1947 kommt es zur ersten Begegnung mit Bertolt Brecht. Obwohl sich Frischs politische Positionen von denen des orthodoxen Marxisten Brecht um einiges unterschieden, hegt der Schweizer große Bewunderung für die geistige Beweglichkeit seines Kollegen, der für die gesellschaftliche Verantwortung des Schriftstellers steht. Auch wenn Brecht als Vorbild für Frischs weitere literarische Entwicklung gewertet werden kann und sich in dessen Dramen *Andorra* und *Biedermann und die Brandstifter* deutliche Brechtspuren zeigen, kann Frisch doch nicht als Brecht-

Schüler bezeichnet werden; zu groß ist seine Skepsis gegenüber Brechts Theorie von der gesellschaftsverändernden Wirkung von Theater.

Ab 1950 gilt Max Frisch als einer der wichtigsten Vertreter der deutschsprachigen Nachkriegsliteratur und wird einer der ersten Autoren des 1950 gegründeten Suhrkamp Verlags. In seinem *Tagebuch 1946–1949,* das erst mit der Nachauflage 1958 zum großen Erfolg wird, findet Frisch sein Selbstverständnis als Autor. Von der Form her ein spannungsreiches Gefüge aus Fakten und fiktiven Elementen, greift es auf Frischs auf den Auslandsreisen 1946–49 gemachte Erfahrungen zurück. Das Tagebuch setzt sich mit der Verantwortung des Einzelnen auseinander und reflektiert gleichzeitig über die Aufgaben eines Schriftstellers. Außerdem bietet es bereits Entwürfe seiner späteren Arbeiten. 1954 trennt sich Frisch von Ehefrau und Kindern und gibt seinen Architektenberuf endgültig für die Schriftstellerei auf. Sein Roman *Stiller* machte den Schweizer 1954 überall bekannt. Der drei Jahre später folgende *Homo Faber* erscheint in zahlreichen Übersetzungen. 1958 wird Frisch als erster nicht in Deutschland lebender Autor mit dem Georg-Büchner-Preis ausgezeichnet. Privat lebt Frisch 1958–1962 mit der Schriftstellerin Ingeborg Bachmann zusammen. Die leidenschaftliche, aber wohl auch zermürbende Beziehung, die Frisch als die wohl wichtigste Erfahrung seines Lebens bezeichnet, hat in den Werken beider Künstler tiefe Spuren hinterlassen. Frischs 1964 erschienener Roman *Mein Name sei Gantenbein,* der das Scheitern einer Ehe zum Thema hat, kann durchaus als Reflexion auf die Zeit mit Ingeborg Bachmann gewertet werden. Als Dramatiker bis dahin im Vergleich zu seinen Romanen weniger erfolgreich, schafft Frisch mit seiner Parabel *Biedermann und die Brandstifter* 1958 den Sprung auf die internationalen Bühnen. Auch *Andorra,* die 1961 uraufgeführte Parabel um Diskriminierung und ihre Folgen, findet große Beachtung. Allerdings werden beide Stücke in Frischs Augen von Kritik und Publikum missinterpretiert bzw. zur Untermauerung von bestimmten Positionen instrumentalisiert, weshalb sich der Autor von der Form der Parabel abwendet. Als das Dokumentartheater Ende der 1960er Jahre immer weiter an Boden gewinnt, zieht sich Frisch von der Bühne zurück. 1968 heiratet er die 28 Jahre jüngere Marianne Oellers, die Ehe hält elf Jahre. Ab 1972 lebt Frisch vorwiegend in Berlin, wo er u. a. Kontakt pflegt mit Christa und Gerhart Wolf, Jurek Becker und Günther Kunert sowie mit seinen bewährten Freunden Günter Grass und Uwe Johnson. 1975 erscheint *Montauk,* Frischs autobiografischstes Werk. Seine späten Arbeiten *Triptychon, Der Mensch erscheint im Holozän* und *Blaubart* konzentrieren sich auf

existentielle Fragestellungen um Alter und Tod und zeigen eine eher resignative und pessimistische Grundstimmung. 1983 kehrt Max Frisch endgültig in die Schweiz zurück. Hier stirbt er am 4. April 1991 kurz vor seinem 80. Geburtstag an einem Krebsleiden."

Mariam Schaghaghi: "Regieführen ist Diplomatie".

http://www.karriere.de/karriere/regiefuehren-ist-diplomatie-9936.05.09.2012

„Regisseur Volker Schlöndorff erlebte beim Deh von Homo Faber seinen persönlichen Albtraum. Verzögerungen, Budgetprobleme und Schauspieler mit Staralllüren - der Dreh des Films stand unter keinem guten Stern.

Mein schlimmster Job war "Homo Faber". Das sieht man dem Film zum Glück nicht an - aber damals dachte ich: Wir brechen ab, die Firma ist ruiniert, der Film wird nie fertig. Es ging damit los, dass wir den Dreh um ein Jahr verschieben mussten. Durch die vielen Drehorte - Mexiko, New York, Italien, Griechenland - wurde der Film zu teuer, um ihn auf Deutsch zu drehen. Das Schlimmste war, Max Frisch mitzuteilen, dass es ein Jahr später wird, er hatte am Drehbuch mitgearbeitet und sich auf einen früheren Beginn eingestellt.Ein Jahr später legten wir in Mexiko los, auf Englisch und mit Sam Shepard in der Hauptrolle. Nach zwei Wochen musste ich mir einen neuen Kameramann suchen. Unserer war viel zu langsam. Dabei hatte ich den Mann immer bewundert.Dann litt Shepard unter Flugangst. Es gab keine Transatlantikschiffe, also musste er fliegen. "Wenn ich die Concorde nehme", meinte Sam, "dann geht's, dann sind es nur dreieinhalb Stunden. Ich habe nämlich nur Platzangst und kann nicht so lang eingesperrt sein." Er landete in Paris. Sturzbetrunken, keine Stewardess war vor ihm sicher. Nach drei Tagen sagte er mir: "Du, ich hab's mir anders überlegt. Ich bin Schriftsteller, kein Schauspieler. Wenn ich meine Gefühle vor der Kamera preisgebe, komme ich mir vor wie eine Prostituierte."Er wollte echt hinschmeißen. Das hättest Du Dir früher überlegen müssen, sagte ich, Du kriegst hier eine Menge Geld, ein Drittel ist abgedreht - wir können Dich nicht ersetzen! Er blieb. Aber als wir auf einem Kreuzfahrtschiff drehten, sagte er, er könne nicht spielen, wenn auch nur ein anderer Passagier zu sehen sei. Es war aber nun mal ein Kreuzfahrtschiff! So ist das eben, Filme macht man mit 40 unberechenbaren menschlichen Elementen. Regieführen ist vor allem Diplomatie.Das Härteste war, dass Max Frisch an Krebs erkrankte und starb, bevor wir Premiere hatten. Es war die Hölle. Auch wenn der

Film letztlich so schön wurde, habe ich sieben Jahre nicht gedreht. Ich brauchte ein Sabbatical - und lernte meine Frau kennen. Ohne "Homo Faber" hätte ich sie nicht getroffen und auch keine Tochter, die gerade Abitur macht. Seitdem bin ich ein glücklicher Mensch. Phönix aus der Asche."

Homo Faber (Film).

http://de.wikipedia.org/wiki/Homo_Faber_(Film)#Entstehung. 05.09.2012

„ […] Bereits Mitte der 1970er Jahre hatten die Paramount-Studios Volker Schlöndorff eine Verfilmung des Stoffes angeboten, was dieser jedoch ablehnte, weil er Schwierigkeiten in der Umsetzung sah. 1988 weckte jedoch eine Lebenskrise das Interesse Schlöndorffs an der Vorlage. Als seine Motivation für die Verfilmung des Romans gab er an, dass es ein Meisterwerk der europäischen Literatur sei, an dem er nicht vorbeikomme.[1] Nachdem 30 Jahre lang die Filmrechte durch verschiedene Hände gegangen waren und Anfang 1988 wieder an Max Frisch zurückgingen, kam ein Kontakt zwischen Autor und Regisseur zustande. Anfang April 1990 begannen die Dreharbeiten; im März 1991 kam der Film in die deutschen Kinos. In der Schweiz startete er am 12. Mai 1991; wenige Wochen nach Frischs Tod. […]"

Homo Faber (Roman).

http://de.wikipedia.org/wiki/Homo_faber_(Roman)#Rezeption. 2.10.2012

„Homo faber wurde am 30. September 1957 in einer Auflage von 8779 Exemplaren an die Buchhandlungen ausgeliefert. Der Roman belegte auf Anhieb vordere Plätze in Bestsellerlisten deutschsprachiger Zeitungen. Bereits am 3. Oktober wurde eine zweite Auflage mit 5870 Büchern nachgelegt, noch vor Weihnachten folgten weitere 5000 Exemplare und im Juli 1958 hatte die Auflage 23.000 Stück erreicht. Mit Herausgabe des Homo faber in der Bibliothek Suhrkamp 1962 wurden bald die 100.000 Exemplare überschritten. 1977 waren von dieser Auflage bereits 450.000 Stück verkauft, die nun aufgelegte Taschenbuchausgabe des Suhrkamp Verlags trieb die Gesamtauflage 1982 über eine Million.[91] Bis zum Jahr 1998 war die deutschsprachige Gesamtauflage auf vier Millionen angestiegen. Übersetzungen des Romans lagen in 25 Sprachen vor.[92]

Reinhold Viehoff teilte die Rezeptionsgeschichte von Homo faber in vier Phasen ein. Die erste Phase markierte die Aufnahme in der zeitgenössischen Literaturkritik von Oktober 1957 bis März 1958. Fünf Jahre nach der Erstausgabe setzte durch Veröffentlichungen von Zeitschriftenaufsätzen und Monographien über den Homo faber in einer zweiten Phase die Kanonisierung des Romans ein, der nun allgemein als moderner Klassiker gewertet wurde. Mit der Herausgabe der Gesammelten Werke Frischs 1976 entstand eine dritte Phase des Interesses am Roman. Er wurde jetzt vor allem in seinem Werkskontext begriffen und inmitten Stiller und Mein Name sei Gantenbein als Teil einer Trilogie der zentralen Romane Frischs eingeordnet. Die vierte Phase der Rezeption, durch die Taschenbuchausgabe des Romans begünstigt, etablierte den Homo faber schließlich als Schullektüre. In der Folge erschienen zahlreiche didaktische Aufbereitungen, Materialiensammlungen und Lektürehilfen für Lehrer und Schüler.[91] Die über 100 zeitgenössischen Rezensionen des Romans mit Namensnennung stammten zu drei Vierteln aus der Bundesrepublik Deutschland, 20 kamen aus der Schweiz, sechs aus Österreich und eine aus der DDR. Sie gelangten zu zwei Dritteln zu einem positiven Urteil. So nannte Erich Franzen den Roman „eine Meisterleistung", Beda Allemann „nicht nur das geschlossenste, sondern auch das beunruhigendste Werk Frischs". Otto Basler sprach von „seinem besten Erzählwerk bis heute" und für Georg Hensel war Frisch mit dem Homo faber „nicht nur sein Meisterwerk gelungen – es ist ein Meisterwerk von internationalem Rang".[93] Dennoch waren die 23 negativen Kritiken eine relativ hohe Anzahl im Vergleich zur üblichen Aufnahme der Literaturkritik. Nach Viehoffs Untersuchung der ablehnenden Urteile basierten diese besonders häufig auf politisch-zeitgeschichtlichen oder religiösen Wertungen. So sah etwa Konrad Farner „Max Frisch mit seinem ‚homo faber' inmitten der langen Reihe derer, die das Menschenwerk bloß noch in Frage zu stellen vermögen",[94] andere Kritiken bemängelten Fabers Bejahung des Schwangerschaftsabbruchs. Weniger weltanschaulich als künstlerisch geprägt war dagegen der Einwand von Walter Jens, nach dem der Roman im Schatten seines Vorgängers Stiller blieb: „In Wahrheit ist ‚homo faber' nicht mehr als eine Arabeske zum großen Roman von 1954 – das Ausgeführte wird übertragen, das Gemälde noch einmal skizziert... nicht immer ganz glücklich, leider."[95][96] 1991 kam Volker Schlöndorffs Verfilmung unter dem Titel Homo Faber in die Kinos. Die Rollen Fabers, Sabeths und Hannas spielten Sam Shepard, Julie Delpy und Barbara Sukowa. Der Film blieb in seinen Dialogen nahe an der Vorlage, nahm aber in Details Änderungen zum Roman vor. So wurde aus Faber ein Amerikaner, der nicht länger todkrank war. Die Handlung fokussierte sich auf die

24

Begegnung zwischen Faber und Sabeth. Max Frisch, der kurz nach der Premiere des Films starb, nahm in den Monaten zuvor noch regen Anteil an der Verfilmung.[97] Der Film wurde von der Kritik überwiegend abgelehnt, da er die Komplexität der Vorlage „auf eine einigermaßen banale Liebesgeschichte reduziere".[98] Mehrfach wurde Homo faber für die Bühne adaptiert. Stefan Pucher inszenierte Homo faber am Schauspielhaus Zürich 2004 in einer musikalischen Revue mit gleich sechsfacher Hauptfigur.[99] 2006 brachten Claudia Lowin und Christian Schlüter Homo faber am Bielefelder Theaterlabor auf die Bühne, Lars Helmer an der Burghofbühne Dinslaken. Volkmar Kamm spaltete den Protagonisten in seiner Inszenierung am Alten Schauspielhaus Stuttgart von 2007 in einen Berichtenden und einen Erlebenden, „Homo" und „Faber" auf. Armin Petras inszenierte 2008 sein Stück Ödipus auf Cuba frei nach den Motiven Frischs am Berliner Maxim-Gorki-Theater. Sein Faber, der am Ende auf Kuba strandet, wird zum Sinnbild der Kolonisation.[100]"